T44

LE RÊVE

DE

FRÉDÉRIC GUILLAUME III,

ROI DE PRUSSE.

LE RÊVE

DE

FRÉDÉRIC GUILLAUME III,

ROI DE PRUSSE,

Par H. L*****.

Celui qui sait vaincre sait aussi
connaître la vraie grandeur.

A PARIS,

Chez BLOUQUIN, rue Saint-Severin, n°. 1,
Et chez les Marchands de Nouveautés.

1806.

LE REVE

DE FRÉDÉRIC GUILLAUME III,

ROI DE PRUSSE.

L'AVÈNEMENT de Guillaume III au trône de Prusse avait fait espérer à cette nation une augmentation à la gloire que l'immortel Frédéric lui avait acquise. Guidé par un conseil expérimenté, le jeune monarque marchait avec assurance dans la carrière politique. La guerre était allumée dans presque toute l'Europe : l'Angleterre et la Russie avaient employé leur influence pour engager la Prusse à se réunir à une coalition contre la France, leurs démarches avaient été jusqu'alors infructueuses, **et les ca**binets s'étonnaient de voir cette puissance garder une neutralité absolue, et jouir seule de la Paix au milieu des calamités qui désolaient le continent. Croirait-on que, d'après une conduite aussi sage, elle soit tombée dans le précipice où on voulait l'entraîner? Croirait-on que d'après l'exemple fatal que la France vient de donner de la sévérité avec laquelle elle châtie les pervers *, croirait-on, dis-je, que Guillaume III ait eu la faiblesse d'écouter les insinuations de son épouse * et celles de plusieurs seigneurs, qui croyaient que (d'après les forces militaires qu'il avait sur pied) l'on n'avait plus qu'à se dé-

* Le roi de Naples détrôné.

* Si l'on voulait énumérer tous les malheurs que les femmes qui se sont mêlées dans les affaires des Gouvernemens ont causés, il faudrait un volume entier pour les contenir.

clarer pour vaincre une nation depuis long-tems victorieuse? Espérance frivole, qui s'est dissipée comme un nuage léger devant les premiers rayons du soleil.

Si Guillaume III se fût ressouvenu d'un rêve qu'il fit quelques jours après le départ de l'empereur Alexandre, rêve qui le frappa tellement qu'il le raconta lui-même au vieux duc de Brunswick, il se serait évité tous les malheurs que ses imprudences lui ont attirés.

Il est des circonstances où, sans être superstitieux, on peut faire quelqu'attention aux effets de l'imagination. Nous en avons plusieurs exemples de ces princes qui, pour avoir négligé ces avertissemens secrets, ont été les victimes de leur incrédulité, ou l'instrument de leur perte. C'est par un songe qu'Athalie est avertie qu'elle périra par les mains de Joas, petit-fils de David; c'est par un songe parfaitement semblable qu'Œdipe apprend qu'il sera le meurtrier de son Père, et qu'il deviendra ensuite le mari de sa mère.

L'allégorie du rêve de Guillaume III est si frappante, que je ne puis m'empêcher de la publier.

C'est le prince Guillaume qui parle :

« Extrêmement fatigué par une course de cheval que j'avais faite hier, je reposais profondément, lorsque mon imagination fut occupée par un de ces tableaux qui portent quelquefois le sceau de la vérité, et qui s'impriment facilement dans la mémoire : mon père s'offrit à mes yeux, l'épée du grand Frédéric ceignait son côté, et le cordon de chevalier de l'ordre du Grand-Aigle noir descendait sur son sein. Mon fils, me dit-il, rappelles-toi ce que je t'ai dit quelques jours avant que de mourir ; ressouviens-toi toujours que c'est la France qui m'a fait ce que je suis. En acceptant ma couronne, promets-moi de ne jamais prendre les armes contre elle; car la puissance qui a le pouvoir de créer des rois possède aussi celui d'humilier leur orgueil.

» Après ce peu de mots il s'éloigne, et une vapeur sulfureuse le cache à mes yeux. Une Syrène, telle que la fable nous la dépeind, me présente une épée; je la refuse. A l'instant même plusieurs Caméléons se réunissent à elle pour me persuader; je cède, je prends cette épée : à peine cette arme fatale est-elle dans mes mains, qu'un torrent impétueux se déborde, entraîne, détruit ou conserve, dans sa course rapide, tout ce qui lui résiste. La mort plane dans l'air et balance sans cesse autour d'elle sa faulx menaçante. Du milieu du torrent s'élèvent de jeunes aigles chantant leurs victoires.

Ils s'abattent sur ma tête, leurs serres m'ar-

rachent le diadème qui la convre et volent le dé-
poser au temple de la Renommée. Un génie leur
commande de diriger leur vol vers le Nord, où
de nouveaux lauriers les attendent : à leur ap-
proche ceux de la Russie déploient leurs ailes
vigoureuses, la fierté brille dans leur regard
belliqueux et semble avoir oublié le Vainqueur
d'Austerlitz. Neptune frappe la mer de son
trident, à l'instant elle se couvre de vaisseaux
qui lancent contre ces jeunes aigles de nouveaux tonnerres : rien ne les épouvante, ils
soutiennent le choc avec courage, leur intré-
pidité interdit et le Dieu et les vieux guer-
riers. Tout-à-coup paraît un char éclatant qui
dissipe les nuages épais que la fumée des vaisseaux a formée. Je vóis la Paix, la balance à
la main, faire pencher la victoire du côté de la
force, armée par la Justice.

A cette vue Neptune retire ses vaisseaux, la

mer redevient calme : la foudre gronde encore, mais c'est pour célébrer la Paix.

A son bruit je m'éveille. Hélas! je n'ai que trop vu la réalité de ce songe malheureux.

Princes, qui vous jouez de la bonnefoi des Nations, tremblez! le même sort vous attend.

Si la France se couvre, par ses promptes et étonnantes conquêtes, d'une gloire immortelle, elle s'acquiert, par la bienveillance et la magnanimité de son Empereur, un droit à l'estime et à la considération des Peuples *. »

Armistice accordé au prince Guillaume III, dans un moment où on pouvait lui ravir toutes ses possessions sans qu'il eût la faculté de s'y opposer.

De l'Imprimerie de la rue de la Verrerie, n°. 56.

www.ingramcontent.com/pod-product-compliance
Lightning Source LLC
Chambersburg PA
CBHW050726070726
47597CB00009B/3807